AF724638

# ÉDOUARD MANET

PARIS. — IMPRIMERIE L. POUPART-DAVYL, RUE DU BAC, 30.

BIBLIOTH. IMPÉRIALE
IMPR.

ÉMILE ZOLA

# ÉD. MANET

ÉTUDE BIOGRAPHIQUE ET CRITIQUE
ACCOMPAGNÉE D'UN PORTRAIT D'ÉD. MANET PAR BRACQUEMOND
ET D'UNE EAU-FORTE D'ÉD. MANET
D'APRÈS *OLYMPIA*

BIBLIOTHÈQUE IMPÉRIALE
4239
1867

PARIS
E. DENTU, ÉDITEUR
LIBRAIRIE DE LA SOCIÉTÉ DES GENS DE LETTRES
Palais-Royal, 17 et 19, Galerie d'Orléans

1867

# PRÉFACE

L'étude biographique & critique qu'on va lire a paru dans la *Revue du XIX^e siècle* (numéro du 1^er janvier 1867). Je l'ai écrite à la suite d'une visite que je fis à l'atelier d'Édouard Manet, où se trouvaient alors réunies les toiles que l'artiste comptait envoyer à l'Exposition universelle.

Depuis ce jour, certains faits se sont produits. Édouard Manet, craignant que le jury d'admission ne pût faire qu'un choix trop restreint parmi ses tableaux & voulant enfin se montrer au public dans l'ensemble complet de ses œuvres & de son talent, s'est décidé à ouvrir une Exposition particulière.

Je crois devoir choisir l'instant où la foule va être appelée à porter un jugement définitif, pour remettre sous les yeux des lecteurs la plaidoirie que j'ai écrite en faveur de l'artiste. Cette plaidoirie a sa date, & je n'ai pas voulu effacer une seule des phrases qui témoignent de l'époque à laquelle je l'ai publiée. Je tiens à conftater que l'Exposition particulière d'Edouard Manet n'eft ici qu'une occasion, & que cette Exposition ne m'a pas inspiré la brochure que je mets en vente aujourd'huï. Je ne saurais trop me précautionner contre certaines irritations malveillantes.

Il faut donc voir uniquement dans mon travail la simple analyse d'une personnalité vigoureuse & originale, que des sympathies m'ont fait aimer d'inftinct. A un moment, j'ai éprouvé l'impérieux besoin de dire tout haut ce que je pensais tout bas, de démonter un tempérament d'artifte dont le mécanisme me ravissait, & d'expliquer nettement pourquoi j'admirais un talent nouveau qu'il a été de mode jusqu'à cette heure de traîner dans les grosses plaisanteries de notre joli petit esprit français. J'ai fait ma tâche d'anatomifte comme j'ai pu, en souhaitant parfois d'avoir des scalpels encore plus tranchants. D'ailleurs, bien que mes opinions soient vieilles de quatre mois, ce qui eft un bel âge pour les opinions d'un publicifte, j'ai la joie de pouvoir les imprimer telles quelles, sans les regretter, sans les modifier, en les étalant & en les affirmant au contraire davantage. Je veux que les éloges accordés par moi à Édouard Manet paraissent le jour même où s'ouvrira son Exposition particulière, tant je suis certain d'un grand succès & tant je tiens à honneur d'avoir été le premier à saluer la venue d'un nouveau maître.

Une autre cause m'a décidé encore à publier ces pages. Éloigné par mes travaux de la critique artiſtique, ne pouvant m'occuper, cette année, des deux Expositions de tableaux qui ont lieu au Champ de Mars & aux Champs-Élysées, je désire cependant faire acte de présence & continuer autant que possible l'œuvre que j'ai entreprise, il y a un an, en disant carrément ce que je pense de l'art contemporain. Mon étude sur Édouard Manet eſt une simple application de ma façon de voir en matière artiſtique, &, en attendant mieux, en attendant que je puisse faire un nouveau Salon, je livre à l'appréciation de tous un essai où l'on jugera des mérites & des défauts de la méthode que j'emploie.

Édouard Manet a eu l'obligeance de mettre à ma disposition une eau-forte qu'il a gravée d'après son *Olympia*. Je n'ai pas à louer ici cette eau-forte ; je remercie simplement l'artiſte de m'avoir permis de donner la preuve à côté de la démonſtration, une œuvre de lui à côté de mes louanges.

Mai 1867.

EMILE ZOLA.

# ÉDOUARD MANET

C'eſt un travail délicat que de démonter, pièce à pièce, la personnalité d'un artiſte. Une pareille besogne eſt toujours difficile, & elle se fait seulement en toute vérité & toute largeur sur un homme dont l'œuvre eſt achevé & qui a déjà donné ce qu'on attend de son talent. L'analyse s'exerce alors sur un ensemble complet; on étudie sous toutes ses faces un génie entier, on trace un portrait exaƈt & précis, sans craindre de laisser échapper quelques particularités. Et il y a, pour le critique, une joie pénétrante à se dire qu'il peut disséquer un être, qu'il a à faire l'anatomie d'un organisme, & qu'il reconſtruira ensuite, dans sa réalité vivante, un homme avec tous ses membres, tous ses nerfs & tout son cœur, toutes ses rêveries & toute sa chair.

Étudiant aujourd'hui le peintre Édouard Manet, je ne puis goûter cette joie. Les premières œuvres remarquables de l'artiſte datent de six à sept ans au plus. Je n'oserais le juger d'une façon absolue sur les trente à quarante toiles de lui qu'il m'a été permis de voir & d'apprécier. Ici, il n'y a pas un ensemble arrêté; le peintre en eſt à cet âge fiévreux où le talent se développe & grandit; il n'a sans doute révélé jusqu'à cette heure qu'un coin de sa personnalité, et il a devant lui trop de vie, trop d'avenir, trop de hasards de toute espèce, pour que je tente, dans ces pages, d'arrêter sa physionomie d'un trait définitif.

Je n'aurais certainement pas entrepris de tracer la simple silhouette qu'il m'eſt permis de donner, si des raisons particulières & puissantes ne m'y avaient déterminé. Les circonſtances ont fait d'Édouard Manet, encore tout jeune, un sujet d'étude des plus curieux & des plus inſtructifs. La position étrange que le public, même les critiques & les artiſtes ses confrères, lui ont créée dans l'art contemporain, m'a paru devoir être nettement étudiée & expliquée. Et ici ce n'eſt plus seulement la personnalité d'Édouard Manet que je cherche à analyser, c'eſt notre moment artiſtique lui-même, ce sont les opinions contemporaines en matière d'eſthétique.

Un cas curieux s'eſt présenté, & ce cas eſt celui-ci, en deux mots. Un jeune peintre a obéi très-naïvement à des tendances personnelles de vue & de compréhension; il s'eſt mis à peindre en dehors des règles sacrées enseignées dans les écoles; il a ainsi produit des œuvres particulières, d'une saveur amère & forte, qui ont blessé les yeux des gens habitués à d'autres aspects. Et voilà que les gens, sans chercher à s'expliquer pourquoi leurs yeux étaient blessés, ont injurié le jeune peintre, l'ont insulté dans sa bonne foi & dans son talent, ont fait de lui une sorte de pantin grotesque qui tire la langue pour amuser les badauds.

N'eſt-ce pas qu'une telle émeute eſt chose intéressante à étudier, & qu'un curieux indépendant comme moi a raison de s'arrêter en passant devant la foule ironique & bruyante qui entoure le jeune peintre & qui le poursuit de ses huées ?

J'imagine que je suis en pleine rue & que je rencontre un attroupement de gamins qui accompagnent Édouard Manet à coups de pierres. Les critiques d'art, — pardon, les sergents de ville font mal leur office; ils accroissent le tumulte au lieu de le calmer, & même, Dieu me pardonne ! il me semble que les sergents de ville ont d'énormes pavés dans leurs mains. Il y a déjà, dans ce spectacle, une certaine grossièreté qui m'attriste, moi passant désintéressé, d'allures calmes & libres.

Je m'approche, j'interroge les gamins, j'interroge les sergents de ville, j'interroge Édouard Manet lui-même. Et une conviction se fait en moi. Je me rends compte de la colère des gamins & de la mollesse des sergents de ville; je sais quel crime a commis ce paria qu'on lapide. Je rentre chez moi, & je dresse, pour l'honneur de la vérité, le procès-verbal qu'on va lire.

Je n'ai évidemment qu'un but : apaiser l'irritation aveugle des émeutiers, les faire revenir à des sentiments plus intelligents, les prier d'ouvrir les yeux, &, en tout cas, de ne pas crier ainsi dans la rue. Et je leur demande une saine critique, non pour Edouard Manet seulement, mais encore pour tous les tempéraments particuliers qui se présenteront. Ma plaidoirie s'élargit, mon but n'est plus l'acceptation d'un seul homme, il devient l'acceptation de l'art tout entier. En étudiant dans Édouard Manet l'accueil fait aux personnalités originales, je proteste contre cet accueil, je fais d'une question individuelle une question qui intéresse tous les véritables artistes.

Ce travail, pour plusieurs causes, je le répète, ne saurait donc être un portrait définitif; c'eſt la simple conſtatation d'un état présent, c'eſt un procès-verbal dressé sur des faits regrettables qui me semblent révéler triſtement le point où près de deux siècles de tradition ont conduit la foule en matière artiſtique.

# I

## L'HOMME ET L'ARTISTE

Édouard Manet eſt né à Paris en 1833. Je n'ai sur lui que peu de détails biographiques. La vie d'un artiſte, en nos temps correćts & policés, eſt celle d'un bourgeois tranquille, qui peint des tableaux dans son atelier comme d'autres vendent du poivre derrière leur comptoir. La race chevelue de 1830 a même, Dieu merci! complétement disparu, & nos peintres sont devenus ce qu'ils doivent être, des gens vivant comme tout le monde.

Après avoir passé quelques années chez l'abbé Poiloup, à Vaugirard, Édouard Manet termina ses études au collége Rollin. A dix-sept ans, comme il sortait du collége, il se prit d'amour pour la peinture. Terrible amour que celui-là ! Les parents tolèrent une maîtresse, & même deux; ils ferment les yeux, s'il eſt nécessaire, sur le dévergondage du cœur & des sens. Mais les arts, la peinture eſt pour eux la grande Impure, la Courtisane toujours affamée de chair fraîche, qui doit boire le sang de leurs enfants & les tordre tout pantelants sur sa gorge insatiable. Là eſt l'orgie, la débauche sans pardon, le spectre sanglant qui se dresse parfois au milieu des familles & qui trouble la paix des foyers domeſtiques.

Naturellement, à dix-sept ans, Édouard Manet s'embarqua comme novice sur un vaisseau qui se rendait à Rio-Janeiro. Sans doute la grande Impure, la Courtisane toujours affamée de chair fraîche s'embarqua avec lui & acheva de le séduire au milieu des solitudes lumineuses de l'Océan & du ciel; elle s'adressa à sa chair, elle balança amoureusement devant ses yeux les lignes éclatantes des horizons, elle lui parla de passion avec le langage doux & vigoureux des couleurs. Au retour, Édouard Manet appartenait tout entier à l'Infâme.

Il laissa la mer & alla visiter l'Italie & la Hollande. D'ailleurs, il s'ignorait encore, il se promena en jeune naïf, il perdit son temps. Et ce qui le prouve, c'eſt qu'en arrivant à Paris, il entra comme élève à l'atelier de Thomas Couture & y reſta pendant près de six ans, les bras liés par les préceptes & les conseils, pataugeant en pleine médiocrité, ne sachant pas trouver sa voie. Il y avait en lui un tempérament particulier qui ne put se plier à ces premières leçons, & l'influence de cette éducation artiſtique, contraire à sa nature, agit sur ses travaux même après sa sortie de l'atelier du maître : pendant trois années, il se débattit dans son ombre, il travailla sans trop savoir ce qu'il voyait ni ce qu'il voulait. Ce fut en 1860 seulement qu'il peignit *le Buveur d'absinthe*, une toile où l'on trouve encore une vague impression des œuvres de Thomas Couture, mais qui contient déjà en germe la manière personnelle de l'artiſte.

Depuis 1860, sa vie artiſtique eſt connue du public. On se souvient de la sensation étrange que produisirent quelques-unes de ses toiles à l'exposition Martinet & au Salon des Refusés, en 1863; on se rappelle également le tumulte qu'occasionnèrent ses tableaux *le Chriſt & les Anges* & *Olympia*, aux Salons de 1864 & de 1865. En étudiant ses œuvres, je reviendrai sur cette période de sa vie.

Édouard Manet eſt de taille moyenne, plutôt petite que grande. Les cheveux & la barbe sont d'un châtain pâle; les yeux, étroits & profonds, ont une vivacité & une flamme juvéniles; la bouche eſt caractéristique, mince, mobile, un peu moqueuse dans les coins. Le visage entier, d'une irrégularité fine & intelligente, annonce la souplesse & l'audace, le mépris de la sottise & de la banalité. Et si du visage nous descendons à la personne, nous trouvons dans Édouard Manet un homme d'une amabilité & d'une politesse exquises, d'allures diſtinguées et d'apparence sympathique.

Je suis bien forcé d'insiſter sur ces détails infiniment petits. Les farceurs contemporains, ceux qui gagnent leur pain en faisant rire le public, ont changé Édouard Manet en une sorte de bohême, de galopin, de croquemitaine ridicule. Et le public a accepté, comme autant de vérités, les plaisanteries & les caricatures. La vérité s'accommode mal de ces pantins de fantaisie créés par les rieurs à gages, & il eſt bon de montrer l'homme réel.

L'artiste m'a avoué qu'il adorait le monde & qu'il trouvait des voluptés secrètes dans les délicatesses parfumées & lumineuses des soirées. Il y eſt entraîné sans doute par son amour des couleurs larges & vives; mais il y a aussi, au fond de lui, un besoin inné de diſtinction & d'élégance que je me fais fort de retrouver dans ses œuvres.

Ainsi telle eſt sa vie. Il travaille avec âpreté, & le nombre de ses toiles eſt déjà considérable; il peint sans découragement, sans lassitude, marchant droit devant lui, obéissant à sa nature. Puis il rentre dans son intérieur & y goûte les joies calmes de la bourgeoisie moderne; il fréquente le monde assidûment, il mène l'exiſtence de chacun, avec cette différence qu'il eſt peut-être encore plus paisible & mieux élevé que chacun.

J'avais vraiment besoin d'écrire ces lignes avant de parler d'Édouard Manet comme artiſte. Je me sens beaucoup plus à l'aise maintenant pour dire aux gens prévenus ce que je crois être la vérité. J'espère qu'on cessera de traiter de rapin débraillé l'homme dont je viens d'esquisser la physionomie en quelques traits, & qu'on prêtera une attention polie aux jugements très-désintéressés que je vais porter sur un artiſte convaincu & sincère. Je suis persuadé que le profil exact de l'Édouard Manet réel surprendra bien des personnes; on l'étudiera désormais avec des rires moins indécents & une attention plus convenable. La queſtion devient celle-ci : ce peintre, assurément, peint d'une façon toute naïve, toute recueillie, & il s'agit seulement de savoir s'il fait œuvre de talent ou s'il se trompe grossièrement.

Je ne voudrais pas poser en principe que l'insuccès

d'un élève, obéissant à la direction d'un maître, eſt la marque d'un talent original, & tirer de là un argument en faveur d'Édouard Manet perdant son temps chez Thomas Couture. Il y a forcément, pour chaque artiſte, une période de tâtonnements & d'hésitations qui dure plus ou moins longtemps; il eſt admis que chacun doit passer cette période dans l'atelier d'un professeur, & je ne vois pas de mal à cela; les conseils, s'ils entravent parfois l'éclosion des talents originaux, ne les empêchent pas de se manifeſter un jour, & on les oublie parfaitement tôt ou tard, pour peu qu'on ait une individualité de quelque puissance.

Mais, dans le cas présent, il me plaît de considérer l'apprentissage long & pénible d'Édouard Manet comme un symptôme d'originalité. La liſte serait longue, si je nommais ici tous ceux que leurs maîtres ont découragés & qui sont devenus ensuite des hommes de premier mérite. « Vous ne ferez jamais rien, » dit le magiſter, & cela signifie sans doute : « Hors de moi pas de salut, & vous n'êtes pas moi. » Heureux ceux que les maîtres ne reconnaissent pas pour leurs enfants; ils sont d'une race à part, ils apportent chacun leur mot dans la grande phrase que l'humanité écrit & qui ne sera jamais complète, ils ont pour deſtinées d'être des maîtres à leur tour, des égoïſtes, des personnalités nettes & tranchées.

Ce fut donc au sortir des préceptes d'une nature différente de la sienne qu'Édouard Manet essaya de chercher & de voir par lui-même. Je le répète, il reſta pendant trois ans tout endolori des coups de férule qu'il avait reçus. Il avait sur le bout de la langue, comme on dit, le mot nouveau qu'il apportait, & il ne pouvait le prononcer. Puis, sa vue s'éclaircit, il diftingua nettement les choses, sa langue ne fut plus embarrassée, & il parla.

Il parla un langage plein de rudesse & de grâce qui effaroucha fort le public. Je n'affirme point que ce fut là un langage entièrement nouveau & qu'il ne contint pas quelques tournures espagnoles sur lesquelles j'aurai d'ailleurs à m'expliquer; mais il était aisé de comprendre, à la hardiesse & à la vérité de certaines images, qu'un artifte nous était né. Celui-là parlait une langue qu'il avait faite sienne & qui désormais lui appartenait en propre.

Voici comment je m'explique la naissance de tout véritable artifte, celle d'Édouard Manet, par exemple. Sentant qu'il n'arrivait à rien en copiant les maîtres, en peignant la nature vue au travers des individualités différentes de la sienne, il aura compris, tout naïvement, un beau matin, qu'il lui reftait à essayer de voir la nature telle qu'elle eft, sans la regarder dans les œuvres & dans les opinions des autres. Dès que cette idée lui fut venue, il prit un objet quelconque, un être ou une chose, le plaça au fond de son atelier, & se mit à le reproduire sur une toile, selon ses facultés de vision & de compréhension. Il fit effort pour oublier tout ce qu'il avait étudié dans les musées; il tâcha de ne plus se rappeler les conseils qu'il avait reçus, les œuvres peintes qu'il avait regardées. Il n'y eut plus là qu'une intelligence particulière servie par des organes doués d'une certaine façon, mise en face de la nature & la traduisant à sa manière.

L'artifte obtint ainsi une œuvre qui était sa chair & son sang. Certainement cette œuvre tenait à la grande famille des œuvres humaines; elle avait des sœurs parmi les milliers d'œuvres déjà créées; elle ressemblait plus ou moins à certaines d'entre elles. Mais elle était belle d'une beauté propre, je veux dire vivante d'une vie personnelle. Les éléments divers qui la composaient, pris peut-être ici & là, venaient de se fondre en un tout d'une saveur nouvelle & d'un aspect particulier, & ce tout créé pour la première fois était une face encore inconnue du génie humain. Désormais, Édouard Manet avait trouvé sa voie, ou, pour mieux dire, il s'était trouvé lui-même : il voyait de ses yeux, il devait nous donner dans chacune de ses toiles une traduction de la nature en cette langue originale qu'il venait de découvrir au fond de lui.

Et maintenant je supplie le lecteur qui a bien voulu me lire jusqu'ici & qui a la bonne volonté de me comprendre, de se placer au seul point de vue logique qui permet de juger sainement une œuvre d'art. Sans cela nous ne nous entendrions jamais ; il garderait les croyances admises, je partirais d'axiomes tout autres, & nous irions ainsi, nous séparant de plus en plus l'un de l'autre : à la dernière ligne, il me traiterait de fou, & je le traiterais d'homme peu intelligent. Il lui faut procéder comme l'artiste a procédé lui-même : oublier les richesses des musées & les nécessités des prétendues règles, chasser le souvenir des tableaux entassés par les peintres morts ; ne plus voir que la nature face à face, telle qu'elle est ; ne chercher enfin dans les œuvres d'Édouard Manet qu'une traduction de la réalité, particulière à un tempérament, belle d'un intérêt humain.

Je suis forcé, à mon grand regret, d'exposer ici quelques idées générales. Mon esthétique, ou plutôt la science que j'appellerai l'esthétique moderne, diffère trop des dogmes enseignés jusqu'à ce jour, pour que je me hasarde à parler avant d'avoir été parfaitement compris.

Voici quelle eſt l'opinion de la foule sur l'art. Il y a un beau absolu, placé en dehors de l'artiſte, ou, pour mieux dire, une perfection idéale vers laquelle chacun tend & que chacun atteint plus ou moins. Dès lors, il y a une commune mesure qui eſt ce beau lui-même; on applique cette commune mesure sur chaque œuvre produite, & selon que l'œuvre se rapproche ou s'éloigne de la commune mesure, on déclare que cette œuvre a plus ou moins de mérite. Les circonſtances ont voulu qu'on choisît pour étalon le beau grec, de sorte que les jugements portés sur toutes les œuvres d'art créées par l'humanité, résultent du plus ou du moins de ressemblance de ces œuvres avec les œuvres grecques.

Ainsi, voilà la large production du génie humain, toujours en enfantement, réduite à la simple éclosion du génie grec. Les artiſtes de ce pays ont trouvé le beau absolu, &, dès lors, tout a été dit, la commune mesure étant fixée, il ne s'agissait plus que d'imiter & de reproduire les modèles le plus exactement possible. Et il y a des gens qui vous prouvent que les artiſtes de la Renaissance ne furent grands que parce qu'ils furent imitateurs. Pendant plus de deux mille ans, le monde se transforme, les civilisations s'élèvent & s'écroulent, les sociétés se précipitent ou languissent, au milieu de mœurs toujours changeantes; &, d'autre part, les artiſtes naissent ici & là, dans les matinées pâles & froides de la Hollande, dans les soirées chaudes & voluptueuses de l'Italie & de l'Espagne. Qu'importe! le beau absolu eſt là, immuable, dominant les âges; on brise misérablement contre lui toute cette vie, toutes ces passions & toutes ces imaginations qui ont joui & souffert pendant plus de deux mille ans.

Voici maintenant quelles sont mes croyances en matière artistique. J'embrasse d'un regard l'humanité qui a vécu & qui, devant la nature, à toute heure, sous tous les climats, dans toutes les circonstances, s'est senti l'impérieux besoin de créer humainement, de reproduire par les arts les objets & les êtres. J'ai ainsi un vaste spectacle dont chaque partie m'intéresse & m'émeut profondément. Chaque grand artiste est venu nous donner une traduction nouvelle & personnelle de la nature. La réalité est ici l'élément fixe, & les divers tempéraments sont les éléments créateurs qui ont donné aux œuvres des caractères différents. C'est dans ces caractères différents, dans ces aspects toujours nouveaux, que consiste pour moi l'intérêt puissamment humain des œuvres d'art. Je voudrais que les toiles de tous les peintres du monde fussent réunies dans une immense salle, où nous pourrions aller lire page par page l'épopée de la création humaine. Et le thème serait toujours la même nature, la même réalité, & les variations seraient les façons particulières & originales à l'aide desquelles les artistes auraient rendu la grande création de Dieu. C'est au milieu de cette immense salle que la foule doit se placer pour juger sainement les œuvres d'art; le beau n'est plus ici une chose absolue, une commune mesure ridicule; le beau devient la vie humaine elle-même, l'élément humain se mêlant à l'élément fixe de la réalité & mettant au jour une création qui appartient à l'humanité. C'est dans nous que vit la beauté, & non en dehors de nous. Que m'importe une abstraction philosophique, que m'importe une perfection rêvée par un petit groupe d'hommes ! Ce qui m'intéresse, moi homme, c'est l'humanité, ma grande mère; ce qui me touche, ce qui me ravit dans les créations humaines, dans les œuvres d'art, c'est de retrouver au fond de chacune d'elles un artiste, un frère, qui me présente la nature sous une face nouvelle, avec toute la puissance ou toute la douceur de sa personnalité. Cette œuvre, ainsi envisagée, me conte l'histoire d'un cœur & d'une chair, elle me parle d'une civilisation & d'une contrée. Et lorsque, au centre de l'immense salle où sont pendus les tableaux de tous les peintres du monde, je jette un coup d'œil sur ce vaste ensemble, j'ai là le même poëme en mille langues différentes, & je ne me lasse pas de le relire dans chaque tableau, charmé des délicatesses & des vigueurs de chaque dialecte.

Je ne puis donner ici dans son entier le livre que je me propose d'écrire sur mes croyances artistiques, & je me contente d'indiquer à larges traits ce qui est & ce que je crois. Je ne renverse aucune idole, je ne nie aucun artiste. J'accepte toutes les œuvres d'art au même titre, au titre de manifestations du génie humain. Et elles m'intéressent presque également, elles ont toutes la véritable beauté : la vie, la vie dans ses mille expressions, toujours changeantes, toujours nouvelles. La ridicule commune mesure n'existe plus; le critique étudie une œuvre en elle-même, & la déclare grande lorsqu'il trouve en elle une traduction forte & originale de la réalité; il affirme alors que la Genèse de la création humaine a une page de plus, qu'il est né un artiste donnant à la nature une nouvelle âme & de nouveaux horizons. Et notre création s'étend du passé à l'infini de l'avenir; chaque société apportera ses artistes qui apporteront leur personnalité. Aucun syftème, aucune théorie ne peut contenir la vie dans ses productions incessantes, & notre rôle, à nous juges des œuvres d'art, se borne à conftater les langages des tempéraments, à étudier ces langages, à dire ce qu'il y a en eux de nouveauté souple & énergique. Les philosophes, s'il eft nécessaire, se chargeront de rédiger des formules. Je ne veux analyser que des faits, & les œuvres d'art sont de simples faits.

Donc, j'ai mis à part le passé, je n'ai ni règle ni étalon dans les mains, je me place devant les tableaux d'Édouard Manet comme devant des faits nouveaux que je désire expliquer & commenter.

Ce qui me frappe d'abord dans ces tableaux, c'eft une juftesse très-délicate dans les rapports des tons entre eux. Je m'explique. Des fruits sont posés sur une table & se détachent contre un fond gris; il y a entre les fruits, selon qu'ils sont plus ou moins rapprochés, des valeurs de coloration formant toute une gamme de teintes. Si vous partez d'une note plus claire que la note réelle, vous devrez suivre une gamme toujours plus claire; & le contraire devra avoir lieu, lorsque vous partirez d'une note plus foncée. C'eft là ce qu'on appelle, je crois, la loi des valeurs. Je ne connais guère, dans l'école moderne, que Corot, Courbet & Édouard Manet qui aient conftamment obéi à cette loi en peignant des figures. Les œuvres y gagnent une netteté singulière, une grande vérité & un grand charme d'aspect.

Edouard Manet, d'ordinaire, part d'une note plus claire que la note exiftant dans la nature. Ses peintures sont blondes & lumineuses, d'une pâleur solide & ferme. La lumière tombe blanche & large, éclairant les objets d'une façon douce. Il n'y a pas là le moindre effet forcé; les personnages & les paysages baignent dans une sorte de clarté légère & gaie qui emplit la toile entière.

Ce qui me frappe ensuite, c'eſt une conséquence nécessaire de l'observation exacte de la loi des valeurs. L'artiſte placé en face d'un sujet quelconque se laisse guider par ses yeux qui aperçoivent ce sujet en larges teintes se commandant les unes les autres. Une tête posée contre un mur, n'eſt plus qu'une tache plus ou moins blanche sur un fond plus ou moins gris; & le vêtement juxtaposé à la figure devient par exemple une tache plus ou moins bleue mise à côté de la tache plus ou moins blanche. De là une grande simplicité, presque point de détails, un ensemble de taches juſtes & délicates qui, à quelques pas, donne au tableau un relief saisissant. J'appuie sur ce caractère des œuvres d'Édouard Manet, car il domine en elles & les fait ce qu'elles sont. Toute la personnalité de l'artiſte consiſte dans la manière dont son œil eſt organisé : il voit blond, & il voit par masses.

Ce qui me frappe en troisième lieu, c'eſt une grâce un peu sèche, mais charmante. Entendons-nous : je ne parle pas de cette grâce rose & blanche qu'ont les têtes en porcelaine des poupées; je parle d'une grâce pénétrante & véritablement humaine. Édouard Manet eſt homme du monde, & il y a dans ses tableaux certaines lignes exquises, certaines attitudes grêles & jolies qui témoignent de son amour pour les élégances des salons. C'eſt là l'élément inconscient, la nature même du peintre. Et je profite de l'occasion pour proteſter contre la parenté qu'on a voulu établir entre les tableaux d'Édouard Manet & les vers de Charles

Baudelaire. Je sais qu'une vive sympathie a rapproché le poëte & le peintre, mais je crois pouvoir affirmer que ce dernier n'a jamais fait la sottise, commise par tant d'autres, de vouloir mettre des idées dans sa peinture. La courte analyse que je viens de donner de son talent prouve avec quelle naïveté il se place devant la nature; s'il assemble plusieurs objets ou plusieurs figures, il eſt seulement guidé dans son choix par le désir d'obtenir de belles taches, de belles oppositions. Il eſt ridicule de vouloir faire un rêveur myſtique d'un artiſte obéissant à un pareil tempérament.

Après l'analyse, la synthèse. Prenons n'importe quelle toile de l'artiſte & n'y cherchons pas autre chose que ce qu'elle contient : des objets éclairés, des créatures réelles. L'aspect général, je l'ai dit, eſt d'un blond lumineux. Dans la lumière diffuse, les visages sont taillés à larges pans de chair, les lèvres deviennent de simples traits, tout se simplifie & s'enlève sur le fond par masses puissantes. La juſtesse des tons établit les plans, remplit la toile d'air, donne la force à chaque chose. On a dit, par moquerie, que les toiles d'Édouard Manet rappelaient les gravures d'Epinal, & il y a beaucoup de vrai dans cette moquerie qui eſt un éloge; ici & là les procédés sont les mêmes, les teintes sont appliquées par plaques, avec cette différence que les ouvriers d'Épinal emploient les tons purs, sans se soucier des valeurs, & qu'Édouard Manet multiplie les tons & met entre eux les rapports juſtes. Il serait beaucoup plus intéressant de comparer cette peinture simplifiée avec les gravures japonaises qui lui ressemblent par leur élégance étrange & leurs taches magnifiques.

L'impression première que produit une toile d'Edouard Manet eſt un peu dure & âpre. On n'eſt pas habitué à voir des traductions aussi simples & aussi sincères de la réalité. Puis, je l'ai dit, il y a quelques raideurs élégantes qui surprennent. L'œil n'aperçoit d'abord que des teintes plaquées largement. Bientôt les objets se dessinent & se mettent à leur place; au bout de quelques secondes, l'ensemble apparaît, vigoureux & solide, & l'on goûte un véritable charme à contempler cette peinture claire & grave, qui rend la nature avec une brutalité douce, si je puis m'exprimer ainsi. En s'approchant du tableau, on voit que le métier eſt plutôt délicat que brusque; l'artiſte n'emploie que la brosse & s'en sert très-prudemment; il n'y a pas des entassements de couleurs, mais une couche unie. Cet audacieux dont on s'eſt moqué, a des procédés fort sages, & si ses œuvres ont un aspect particulier, elles ne le doivent qu'à la façon toute personnelle dont il aperçoit & traduit les objets.

En somme, si l'on m'interrogeait, si l'on me demandait quelle langue nouvelle parle Édouard Manet, je répondrais : Il parle une langue faite de simplicité & de juſtesse. La note qu'il apporte eſt cette note blonde emplissant la toile de lumière. La traduction qu'il nous donne eſt une traduction juſte & simplifiée, procédant par grands ensembles, n'indiquant que les masses.

Il nous faut, je ne saurais trop le répéter, oublier mille choses pour comprendre & goûter ce talent. Il ne s'agit plus ici d'une recherche de la beauté absolue; l'artiſte ne peint ni l'hiſtoire ni l'âme; ce qu'on appelle composition n'exiſte pas pour lui, & la tâche qu'il s'impose n'eſt point de représenter telle pensée ou tel acte hiſtorique. Et c'eſt pour cela qu'on ne doit le juger ni en moralifte, ni en littérateur; on doit le juger en peintre. Il traite les tableaux de figures comme il eft permis, dans les écoles, de traiter les tableaux de nature morte; je veux dire qu'il groupe les figures devant lui, un peu au hasard, & qu'il n'a ensuite souci que de les fixer sur la toile telles qu'il les voit, avec les vives oppositions qu'elles font en se détachant les unes sur les autres. Ne lui demandez rien autre chose qu'une traduction d'une juftesse littérale. Il ne saurait ni chanter, ni philosopher. Il sait peindre, & voilà tout: il a le don, & c'eft là son tempérament propre, de saisir dans leur délicatesse les tons dominants & de pouvoir ainsi modeler à grands plans les choses & les êtres.

Il eft un enfant de notre âge. Je vois en lui un peintre analyfte. Tous les problèmes ont été remis en queftion, la science a voulu avoir des bases solides, & elle en eft revenue à l'observation exacte des faits. Et ce mouvement ne s'eft pas seulement produit dans l'ordre scientifique; toutes les connaissances, toutes les œuvres humaines tendent à chercher dans la réalité des principes fermes & définitifs. Nos paysagiftes modernes l'emportent de beaucoup sur nos peintres d'hiftoire & de genre, parce qu'ils ont étudié nos campagnes, se contentant de traduire le premier coin de forêt venu. Édouard Manet applique la même méthode à chacune de ses œuvres; tandis que d'autres se creusent la tête pour inventer une nouvelle Mort de César ou un nouveau Socrate buvant la ciguë, il place tranquillement dans un coin de son atelier quelques objets & quelques personnes, & se met à peindre, en analysant le tout avec soin. Je le répète, c'eft un simple analyfte; sa besogne a bien plus d'intérêt que les plagiats de ses confrères; l'art lui-même tend ainsi vers une certitude; l'artiſte eſt un interprète de ce qui eſt, & ses œuvres ont pour moi le grand mérite d'une description précise faite en une langue originale & humaine.

On lui a reproché d'imiter les maîtres espagnols. J'accorde qu'il y ait quelque ressemblance entre ses premières œuvres & celles de ces maîtres : on eſt toujours fils de quelqu'un. Mais, dès son *Déjeuner sur l'herbe*, il me paraît affirmer nettement cette personnalité que j'ai essayé d'expliquer & de commenter brièvement. La vérité eſt peut-être que le public en lui voyant peindre des scènes & des coſtumes d'Espagne, aura décidé qu'il prenait ses modèles au delà des Pyrénées. De là à l'accusation de plagiat, il n'y a pas loin. Or, il eſt bon de faire savoir que si Édouard Manet a peint des *espada* et des *majo*, c'eſt qu'il avait dans son atelier des vêtements espagnols & qu'il les trouvait beaux de couleur. Il a traversé l'Espagne en 1865 seulement, & ses toiles ont un accent trop individuel pour qu'on veuille ne trouver en lui qu'un bâtard de Velasquez & de Goya.

## II

### LES ŒUVRES

Je puis maintenant, en parlant des œuvres d'Édouard Manet, me faire mieux entendre. J'ai indiqué, à grands traits, les caractères du talent de l'artiſte, & chaque toile que j'analyserai viendra appuyer d'un exemple le jugement que j'ai porté. L'ensemble eſt connu, il ne s'agit plus que de faire connaître les détails qui forment cet ensemble. En disant ce que j'ai éprouvé devant chaque tableau, je rétablirai dans son tout la personnalité du peintre.

L'œuvre d'Édouard Manet eſt déjà considérable. Ce travailleur sincère & laborieux a bien employé les six dernières années; je souhaite son courage & son amour du travail aux gros rieurs qui le traitent de rapin oisif & goguenard. J'ai vu dernièrement dans son atelier une trentaine de toiles dont la plus ancienne date de 1860. Il les a réunies là pour juger de l'ensemble qu'elles feraient à l'Exposition universelle.

J'espère bien les retrouver au Champ de Mars, en mai prochain, & je compte qu'elles établiront d'une façon définitive & solide la réputation de l'artiſte. Il ne s'agit plus de deux ou trois œuvres, il s'agit de trente œuvres au moins, de six années de travail & de talent. On ne peut refuser au vaincu de la foule une éclatante revanche dont il doit sortir vainqueur. Les juges comprendront qu'il serait inintelligent de cacher syſtématiquement, dans la solennité qui se prépare, une des faces les plus originales & les plus sincères de l'art contemporain. Ici le refus serait un véritable meurtre, un assassinat officiel.

Et c'eſt alors que je voudrais pouvoir prendre les sceptiques par la main & les conduire devant les tableaux d'Édouard Manet : « Voyez & jugez, dirais-je. Voilà l'homme grotesque, l'homme impopulaire. Il a travaillé pendant six ans, & voilà son œuvre. Riez-vous encore, le trouvez-vous toujours d'une plaisante drôlerie? Vous commencez à sentir, n'eſt-ce pas, qu'il y a autre chose que des chats noirs dans ce talent ? L'ensemble eſt un & complet. Il s'étale largement, avec sa sincérité & sa puissance. Dans chaque toile, la main de l'artiſte a parlé le même langage, simple & exact. Quand vous embrassez d'un regard toutes les toiles à la fois, vous trouvez que ces œuvres diverses se tiennent, se complètent, qu'elles représentent une somme énorme d'analyse & de vigueur. Riez encore, si vous aimez à rire; mais, prenez garde, vous rirez désormais de votre aveuglement. »

La première sensation que j'ai éprouvée en entrant dans l'atelier d'Édouard Manet a été une sensation d'unité & de force. Il y a de l'âpreté & de la douceur dans le premier regard qu'on jette sur les murs. Les yeux, avant de s'arrêter particulièrement sur une toile, errent à l'aventure, de bas en haut, de droite à gauche; & ces couleurs claires, ces formes élégantes qui se mêlent, ont une harmonie âcre, une franchise d'une simplicité & d'une énergie extrêmes.

Puis, lentement, j'ai analysé les œuvres une à une. Voici, en quelques lignes, mon sentiment sur chacune d'elles; j'appuie sur les plus importantes.

Je l'ai dit, la toile la plus ancienne eſt *le Buveur d'absinthe*, un homme hâve & abruti, drapé dans un pan de manteau & affaissé sur lui-même. Le peintre se cherchait encore; il y a presque une intention mélodramatique dans le sujet; puis, je ne trouve pas là ce tempérament simple & exact, puissant & large, que l'artiſte affirmera plus tard.

Ensuite viennent *le Chanteur espagnol* & *l'Enfant à l'épée*. Ce sont là les pavés, les premières œuvres dont on se sert pour écraser les dernières œuvres du peintre. *Le Chanteur espagnol*, un Espagnol assis sur un banc de bois vert, chantant & pinçant les cordes de son inſtrument, a obtenu une mention honorable. *L'Enfant à l'épée* eſt un petit garçon debout, l'air naïf & étonné, qui tient à deux mains une énorme épée garnie de son baudrier. Ces peintures sont fermes & solides, très-délicates d'ailleurs, ne blessant en rien la vue faible de la foule. On dit qu'Édouard Manet a quelque parenté avec les maîtres espagnols, & il ne l'a jamais avoué autant que dans *l'Enfant à l'épée*. La tête de ce petit garçon eſt une merveille de modelé & de vigueur adoucie. Si l'artiſte avait toujours peint de pareilles têtes, il aurait été choyé du public, accablé d'éloges & d'argent; il eſt vrai qu'il serait reſté un reflet, & que nous n'aurions jamais connu cette belle simplicité qui conſtitue tout son talent. Pour moi, je l'avoue, mes sympathies sont ailleurs parmi les œuvres du peintre; je préfère les raideurs franches, les taches juſtes & puissantes d'*Olympia* aux délicatesses cherchées & étroites de *l'Enfant à l'épée*.

Mais, dès maintenant, je n'ai plus à parler que des tableaux qui me paraissent être la chair & le sang d'Édouard Manet. Et d'abord il y a, en 1863, les toiles dont l'apparition chez Martinet, au boulevard des Italiens, causa une véritable émeute. Des sifflets & des huées, comme il eſt d'usage, annoncèrent qu'un nouvel artiſte original venait de se révéler. Le nombre des toiles exposées était de quatorze; nous en retrouverons huit à l'Exposition universelle : *le Vieux Musicien, le Liseur, les Gitanos,* un *Gamin, Lola de Valence, la Chanteuse des rues, le Ballet espagnol, la Musique aux Tuileries.*

Je me contenterai d'avoir cité les quatre premières. Quant à la *Lola de Valence*, elle eſt célèbre par le quatrain de Charles Baudelaire, qui fut ſifflé & maltraité autant que le tableau lui-même :

Entre tant de beautés que partout on peut voir,
Je comprends bien, amis, que le désir balance,
Mais on voit scintiller dans Lola de Valence,
Le charme inattendu d'un bijou rose & noir.

Je ne prétends pas défendre ces vers, mais ils ont pour moi le grand mérite d'être un jugement rimé de toute la personnalité de l'artiſte. Je ne sais si je force le texte. Il eſt parfaitement vrai que *Lola de Valence* eſt un bijou rose & noir; le peintre ne procède déjà plus que par taches, & son Espagnole eſt peinte largement, par vives oppositions; la toile entière eſt couverte de deux teintes.

Le tableau que je préfère parmi ceux que je viens de nommer eſt la *Chanteuse des rues*. Une jeune femme, bien connue sur les hauteurs du Panthéon, sort d'une brasserie en mangeant des cerises qu'elle tient dans une feuille de papier. L'œuvre entière eſt d'un gris doux & blond; la nature m'y a semblé analysée avec une simplicité & une exactitude extrêmes. Une pareille page a, en dehors du sujet, une auſtérité qui en agrandit le cadre; on y sent la recherche âpre de la vérité, le labeur consciencieux d'un homme qui veut, avant tout, dire franchement ce qu'il voit.

Les deux autres tableaux, *le Ballet espagnol* & *la Musique aux Tuileries*, furent ceux qui mirent le feu aux poudres. Un amateur exaspéré alla jusqu'à menacer de se porter à des voies de fait, si on laissait plus longtemps dans la salle de l'exposition *la Musique aux Tuileries*. Je comprends la colère de cet amateur : imaginez, sous les arbres des Tuileries, toute une foule, une centaine de personnes peut-être, qui se remuent au soleil; chaque personnage eſt une simple tache, à peine déterminée, & dans laquelle les détails deviennent des lignes ou des points noirs. Si j'avais été là, j'aurais prié l'amateur de se mettre à une distance respectueuse; il aurait alors vu que ces taches vivaient, que la foule parlait, & que cette toile était une des œuvres caractériſtiques de l'artiſte, celle où il a le plus obéi à ses yeux & à son tempérament.

Au Salon des Refusés, en 1863, Édouard Manet avait trois toiles. Je ne sais si ce fut à titre de persécuté, mais l'artiſte eut cette fois-là des défenseurs, même des admirateurs. Il faut dire que son exposition était des plus remarquables; elle se composait du *Déjeuner sur l'herbe*, d'un *Portrait de jeune homme en costume de majo* & du *Portrait de Mademoiselle V... en coſtume d'espada*.

Ces deux dernières toiles furent trouvées d'une grande brutalité, mais d'une vigueur rare & d'une extrême puissance de ton. Selon moi, le peintre y a été plus coloriſte qu'il n'a coutume de l'être. La peinture eſt toujours blonde, mais d'un blond fauve & éclatant. Les taches sont grasses & énergiques, elles s'enlèvent sur le fond avec toutes les brusqueries de la nature.

*Le Déjeuner sur l'herbe* eſt la plus grande toile d'Édouard Manet, celle où il a réalisé le rêve que font tous les peintres : mettre des figures de grandeur naturelle dans un paysage. On sait avec quelle puissance il a vaincu cette difficulté. Il y a là quelques feuillages, quelques troncs d'arbre, &, au fond, une rivière dans laquelle se baigne une femme en chemise; sur le premier plan, deux jeunes gens sont assis en face d'une seconde femme qui vient de sortir de l'eau & qui sèche sa peau nue au grand air. Cette femme nue a scandalisé le public, qui n'a vu qu'elle dans la toile. Bon Dieu! quelle indécence : une femme sans le moindre voile entre deux hommes habillés! Cela ne s'était jamais vu. Et cette croyance était une grossière erreur, car il y a au musée du Louvre plus de cinquante tableaux dans lesquels se trouvent mêlés des personnages habillés & des personnages nus. Mais personne ne va chercher à se scandaliser au musée du Louvre. La foule s'eſt bien gardée d'ailleurs de juger *le Déjeuner sur l'herbe* comme doit être jugée une véritable œuvre d'art; elle y a vu seulement des gens qui mangeaient sur l'herbe, au sortir du bain, & elle a cru que l'artiſte avait mis une intention obscène & tapageuse dans la disposition du sujet, lorsque l'artiſte avait simplement cherché à obtenir des oppositions vives & des masses franches. Les peintres, surtout Édouard Manet, qui eſt un peintre analyſte, n'ont pas cette préoccupation du sujet qui tourmente la foule avant tout; le sujet pour eux eſt un prétexte à peindre, tandis que pour la foule le sujet seul exiſte. Ainsi, assurément, la femme nue du *Déjeuner sur l'herbe* n'eſt là que pour fournir à l'artiſte l'occasion de peindre un peu de chair. Ce qu'il faut voir dans le tableau, ce n'eſt pas un déjeuner sur l'herbe, c'eſt le paysage entier, avec ses vigueurs & ses finesses, avec ses premiers plans si larges, si solides, & ses fonds d'une délicatesse si légère; c'eſt cette chair ferme, modelée à grands pans de lumière, ces étoffes souples

& fortes, & surtout cette délicieuse silhouette de femme en chemise qui fait, dans le fond, une adorable tache blanche au milieu des feuilles vertes; c'eſt enfin cet ensemble vaſte, plein d'air, ce coin de la nature rendue avec une simplicité si juſte, toute cette page admirable dans laquelle un artiſte a mis les éléments particuliers & rares qui étaient en lui.

En 1864, Édouard Manet exposait *le Chriſt mort & les Anges* & *un Combat de taureaux*. Il n'a gardé de ce dernier tableau que l'Espada du premier plan, — *l'Homme mort*, — qui se rapproche beaucoup comme manière de *l'Enfant à l'épée;* la peinture y eſt détaillée & serrée, très-fine & très-solide; je sais à l'avance que ce sera un des succès de l'exposition de l'artiſte, car la foule aime à regarder de près & à ne pas être choquée par les aspérités trop rudes d'une originalité sincère. Moi, je déclare préférer de beaucoup *le Chriſt mort & les Anges;* je retrouve là Édouard Manet tout entier, avec les partis-pris de son œil & les audaces de sa main. On a dit que ce Chriſt n'était pas un Chriſt, & j'avoue que cela peut être; pour moi, c'eſt un cadavre peint en pleine lumière, avec franchise & vigueur; & même j'aime les anges du fond, ces enfants aux grandes ailes bleues qui ont une étrangeté si douce & si élégante.

En 1865, Édouard Manet eſt encore reçu au Salon; il expose un *Jésus insulté par les soldats*, & son chef-d'œuvre, son *Olympia*. J'ai dit chef-d'œuvre, & je ne retire pas le mot. Je prétends que cette toile eſt véritablement la chair & le sang du peintre. Elle le contient tout entier & ne contient que lui. Elle reſtera comme l'œuvre caractériſtique de son talent, comme la marque la plus haute de sa puissance. J'ai lu en elle la personnalité d'Édouard Manet, & lorsque j'ai analysé le tempérament de l'artiſte, j'avais uniquement devant les yeux cette toile qui renferme toutes les autres. Nous avons ici, comme disent les amuseurs publics, une gravure d'Épinal. Olympia, couchée sur des linges blancs, fait une grande tache pâle sur le fond noir; dans ce fond noir se trouvent la tête de la négresse qui apporte un bouquet & ce fameux chat qui a tant égayé le public. Au premier regard, on ne distingue ainsi que deux teintes dans le tableau, deux teintes violentes, s'enlevant l'une sur l'autre. D'ailleurs, les détails ont disparu. Regardez la tête de la jeune fille : les lèvres sont deux minces lignes roses, les yeux se réduisent à quelques traits noirs. Voyez maintenant le bouquet, & de près, je vous prie : des plaques roses, des plaques bleues, des plaques vertes. Tout se simplifie, & si vous voulez reconſtruire la réalité, il faut que vous vous reculiez de quelques pas. Alors il arrive une étrange hiſtoire : chaque objet se met à son plan, la tête d'Olympia se détache du fond avec un relief saisissant, le bouquet devient une merveille d'éclat & de fraîcheur. La juſtesse de l'œil & la simplicité de la main ont fait ce miracle; le peintre a procédé comme la nature procède elle-même, par masses claires, par larges pans de lumière, & son œuvre a l'aspect un peu rude & auſtère de la nature. Il y a d'ailleurs des partis-pris; l'art ne vit que de fanatisme. Et ces partis-pris sont juſtement cette sécheresse élégante, cette violence des transitions que j'ai signalées. C'eſt l'accent personnel, la saveur particulière de l'œuvre. Rien n'eſt d'une finesse plus exquise que les tons pâles des linges de blancs différents sur lesquels Olympia eſt couchée. Il y a, dans la juxtaposition de ces blancs, une immense difficulté vaincue. Le corps lui-même de l'enfant a des pâleurs charmantes; c'est une jeune fille de seize ans, sans doute un modèle qu'Édouard Manet a tranquillement copié tel qu'il était. Et tout le monde a crié : on a trouvé ce corps nu indécent; cela devait être, puisque c'eſt là de la chair, une fille que l'artiſte a jeté sur la toile dans sa nudité jeune & déjà fanée. Lorsque nos artiſtes nous donnent des Vénus, ils corrigent la nature, ils mentent. Édouard Manet s'eſt demandé pourquoi mentir, pourquoi ne pas dire la vérité; il nous a fait connaître Olympia, cette fille de nos jours, que vous rencontrez sur les trottoirs & qui serre ses maigres épaules dans un mince châle de laine déteinte. Le public, comme toujours, s'eſt bien gardé de comprendre ce que voulait le peintre; il y a eu des gens qui ont cherché un sens philosophique dans le tableau; d'autres, plus égrillards, n'auraient pas été fâchés d'y découvrir une intention obscène. Eh! dites-leur donc tout haut, cher maître, que vous n'êtes point ce qu'ils pensent, qu'un tableau pour vous eſt un simple prétexte à analyse. Il vous fallait une femme nue, & vous avez choisi Olympia, la première venue; il vous fallait des taches claires & lumineuses, & vous avez mis un bouquet; il vous fallait des taches noires, & vous avez placé dans un coin une négresse & un chat. Qu'eſt-ce que tout cela veut dire? vous ne le savez guère, ni moi non plus. Mais je sais, moi, que vous avez admirablement réussi à faire une œuvre de peintre, de grand peintre, je veux dire à traduire énergiquement & dans un langage particulier les vérités de la lumière & de l'ombre, les réalités des objets & des créatures.

J'arrive maintenant aux dernières œuvres, à celles que le public ne connaît pas. Voyez l'inſtabilité des choses humaines : Edouard Manet, reçu au Salon à deux reprises consécutives, eſt nettement refusé en 1866 ; on accepte l'étrangeté si originale d'*Olympia*, & l'on ne veut ni du *Joueur de fifre* ni de *l'Acteur tragique*, toiles qui, tout en contenant la personnalité entière de l'artiſte, ne l'affirment pas si hautement. *L'Acteur tragique*, un portrait de Rouvière en coſtume d'Hamlet, porte un vêtement noir qui eſt une merveille d'exécution. J'ai rarement vu de pareilles finesses de ton & une semblable aisance dans la peinture d'étoffes de même couleur juxtaposées. Je préfère d'ailleurs *le Joueur de fifre*, un petit bonhomme, un enfant de troupe musicien, qui souffle dans son inſtrument de toute son haleine & de tout son cœur. Un de nos grands paysagiſtes modernes a dit que ce tableau était « une enseigne de coſtumier », & je suis de son avis, s'il a voulu dire par là que le coſtume du jeune musicien était traité avec la simplicité d'une image. Le jaune des galons, le bleu noir de la tunique, le rouge des culottes ne sont encore ici que de larges taches. Et cette simplification produite par l'œil clair & juſte de l'artiſte, a fait de la toile une œuvre toute blonde, toute naïve, charmante jusqu'à la grâce, réelle jusqu'à l'âpreté.

Enfin reſtent quatre toiles, à peine sèches : *le Fumeur*, *la Joueuse de guitare*, un *Portrait de Mme M...*, *une Jeune dame en* 1866. Le *Portrait de Mme M...* eſt une des meilleures pages de l'artiſte ; je devrais répéter ce que j'ai déjà dit : simplicité & juſtesse extrêmes, aspect clair & fin. En terminant, je trouve, nettement caractérisée dans *une Jeune dame en* 1866, cette élégance native qu'Edouard Manet, homme du monde, a au fond de lui. Une jeune femme, vêtue d'un long peignoir rose, eſt debout, la tête gracieusement penchée, respirant le parfum d'un bouquet de violettes qu'elle tient dans sa main droite; à sa gauche, un perroquet se courbe sur son perchoir. Le peignoir eſt d'une grâce infinie, doux à l'œil, très-ample & très-riche; le mouvement de la jeune femme a un charme indicible. Cela serait même trop joli, si le tempérament du peintre ne venait mettre sur cet ensemble l'empreinte de son auſtérité.

J'allais oublier quatre très-remarquables marines, — *le Steam-Boat; le Combat du Kerseage & de l'Alabama; Vue de mer, temps calme; Bateau de pêche arrivant vent arrière,* — dont les vagues magnifiques témoignent que l'artiſte a couru & aimé l'Océan, & sept tableaux de nature morte & de fleurs qui commencent heureusement à être des chefs-d'œuvre pour tout le monde. Les ennemis les plus déclarés du talent d'Édouard Manet lui accordent qu'il peint bien les objets inanimés. C'est un premier pas. J'ai surtout admiré, pami ces tableaux de nature morte, un splendide bouquet de pivoines, — *un Vase de fleurs*, — & une toile intitulée *un Déjeuner*, qui reſteront dans ma mémoire à côté de *l'Olympia.* D'ailleurs, d'après le mécanisme de son talent dont j'ai essayé d'expliquer les rouages, le peintre doit forcément rendre avec une grande puissance un groupe d'objets inanimés.

Tel eſt l'œuvre d'Édouard Manet, tel eſt l'ensemble que le public sera, je l'espère, appelé à voir dans une des salles de l'Exposition universelle. Je ne puis penser que la foule reſtera aveugle & ironique devant ce tout harmonieux & complet dont je viens d'étudier brièvement les parties. Il y aura là une manifeſtation trop originale, trop humaine, pour que la vérité ne soit pas enfin victorieuse. Et que le public se dise surtout que ces tableaux représentent seulement six années d'efforts, & que l'artiſte a trente-trois ans à peine. L'avenir eſt à lui ; je n'ose moi-même l'enfermer dans le présent (1).

(1) Je n'ai pu analyser toutes les œuvres qu'Édouard Manet réunira dans la salle de son Exposition particulière. Je le répète, cette étude a été écrite en décembre dernier, à la suite d'une visite que je fis à l'atelier du peintre.

Les tableaux qui ont forcément échappé à ma critique sont : *Portrait de M. et de Mme M...; Portrait de Mme B..; Portrait de Z. A...; un Moine en prière; les Courses au bois de Boulogne; Nymphe surprise; Jeune femme couchée en costume espagnol; une Dame à sa fenêtre; un Chien épagneul; les Étudiants de Salamanque; Paysage; une Tête d'étude; un Matador de taureaux;* et deux toiles faisant pendant, représentant chacune un *Philosophe*, un mendiant drapé dans ses guenilles...

Édouard Manet doit également exposer trois eaux-fortes et trois copies qu'il a faites au Musée du Louvre : *la Vierge au lapin*, d'après Titien; *le Portrait de Tintoret*, d'après Tintoret, et *les Petits cavaliers*, d'après Vélasquez.

## III

### LE PUBLIC

Il me refte à étudier & à expliquer l'attitude du public devant les tableaux d'Édouard Manet. L'homme, l'artifte & les œuvres sont connus ; il y a un autre élément, la foule, qu'il faut connaître, si l'on veut avoir dans son entier le singulier cas artiftique que nous avons vu se produire. Le drame sera complet, nous tiendrons dans la main tous les fils des personnages, tous les détails de l'étrange aventure.

D'ailleurs, on se tromperait, si l'on croyait que le peintre n'a rencontré aucune sympathie. Il eft un paria pour le plus grand nombre, mais il eft un peintre de talent pour un groupe qui s'augmente tous les jours. Dans ces derniers temps surtout, le mouvement en sa faveur a été plus large & plus marqué. J'étonnerais les rieurs, si je nommais certains hommes qui ont témoigné à l'artifte leur amitié & leur admiration. On tend certainement à l'accepter, & j'espère que ce sera là un fait accompli dans un temps très-prochain.

Parmi ses confrères, il y a encore les aveugles qui rient sans comprendre, parce qu'ils voient rire les autres. Mais les véritables artiftes n'ont jamais refusé à Édouard Manet de grandes qualités de peintre. Obéissant à leur propre tempérament, ils ont seulement fait les reftrictions qu'ils devaient faire. S'ils sont coupables, c'eft d'avoir toléré qu'un de leurs confrères, qu'un garçon de mérite & de sincérité fût bafoué de la plus indigne façon. Puisqu'ils voyaient clair, puisque eux, peintres, se rendaient compte des intentions du peintre nouveau, ils avaient charge, selon moi, d'imposer silence à la foule. J'ai toujours espéré qu'un d'eux se lèverait & dirait la vérité. Mais en France, dans ce pays de légèreté & de courage, on a une peur effroyable du ridicule; lorsque, dans une réunion, trois personnes se moquent de quelqu'un, tout le monde se met à rire, & s'il y a là des gens qui seraient portés à défendre la victime des railleurs, ils baissent les yeux humblement, lâchement, rougissant eux-mêmes, mal à l'aise, souriant à demi. Je suis sûr qu'Édouard Manet a dû faire de curieuses observations sur certains embarras subits éprouvés en face de lui par des personnes de sa connaissance.

Toute l'hiftoire de l'impopularité de l'artifte eft là, & je me charge d'expliquer aisément les rires des uns & la lâcheté des autres.

Quand la foule rit, c'eft presque toujours pour un rien. Voyez au théâtre : un acteur se laisse tomber, la salle entière eft prise d'une gaieté convulsive; demain les spectateurs riront encore au souvenir de cette chute. Mettez dix personnes d'intelligence suffisante devant un tableau d'aspect neuf & original, & ces personnes, à elles dix, ne feront plus qu'un grand enfant; elles se pousseront du coude, elles commenteront l'œuvre de la façon la plus comique du monde. Les badauds arriveront à la file, grossissant le groupe; bientôt ce sera un véritable charivari, un accès de folie bête. Je n'invente rien. L'hiftoire artiftique de notre temps eft là pour dire que ce groupe de badauds & de rieurs aveugles s'eft formé devant les premières toiles de Decamps, de Delacroix, de Courbet. Un écrivain me contait dernièrement qu'autrefois, ayant eu le malheur de dire dans un salon que le talent de Decamps ne lui déplaisait pas, on l'avait mis impitoyablement à la porte. Car le rire gagne de proche en proche, & Paris, un beau matin, s'éveille en ayant un jouet de plus.

Alors, c'eft une frénésie. Le public a un os à ronger. Et il y a toute une armée dont l'intérêt eft d'entretenir la gaieté de la foule, & qui l'entretient d'une belle façon. Les caricaturiftes s'emparent de l'homme & de l'œuvre; les chroniqueurs rient plus haut que les rieurs désintéressés. Au fond, ce n'eft que du rire, ce n'eft que du vent. Pas la moindre conviction, pas le plus petit souci de vérité. L'art eft grave, il ennuie profondément; il faut bien l'égayer un peu, chercher une toile dans le Salon qu'on puisse tourner en ridicule. Et l'on s'adresse toujours à l'œuvre étrange qui eft le fruit mûr d'une personnalité nouvelle.

Remontons à cette œuvre, cause des rires & des moqueries, & nous voyons qué l'aspect plus ou moins particulier du tableau a seul amené cette gaieté folle. Telle attitude a été grosse de comique, telle couleur a fait pleurer de rire, telle ligne a rendu malade plus de cent personnes. Le public a seulement vu un sujet, & un sujet traité d'une certaine manière. Il regarde des œuvres d'art, comme les enfants regardent des images :

pour s'amuser, pour s'égayer un peu. Les ignorants se moquent en toute confiance; les savants, ceux qui ont étudié l'art dans les écoles mortes, se fâchent de ne pas retrouver, en examinant l'œuvre nouvelle, les habitudes de leur foi & de leurs yeux. Personne ne songe à se mettre au véritable point de vue. Les uns ne comprennent rien, les autres comparent. Tous sont dévoyés, & alors la gaieté ou la colère monte à la gorge de chacun.

Je le répète, l'aspect seul eſt la cause de tout ceci. Le public n'a pas même cherché à pénétrer l'œuvre; il s'en eſt tenu, pour ainsi dire, à la surface. Ce qui le choque & l'irrite, ce n'eſt pas la conſtitution intime de l'œuvre, ce sont les apparences générales & extérieures. Si cela pouvait être, il accepterait volontiers la même image, présentée d'une autre façon.

L'originalité, voilà la grande épouvante. Nous sommes tous plus ou moins, à notre insu, des bêtes routinières qui passent avec entêtement dans le sentier où elles ont passé. Et toute nouvelle route nous fait peur, nous flairons des précipices inconnus, nous refusons d'avancer. Il nous faut toujours le même horizon; nous rions ou nous nous irritons des choses que nous ne connaissons pas. C'eſt pour cela que nous acceptons parfaitement les audaces adoucies, & que nous rejetons violemment ce qui nous dérange dans nos habitudes. Dès qu'une personnalité se produit, la défiance & l'effroi nous prennent, nous sommes comme des chevaux ombrageux qui se cabrent devant un arbre tombé en travers de la route, parce qu'ils ne s'expliquent pas la nature & la cause de cet obſtacle, & qu'ils ne cherchent pas d'ailleurs à se l'expliquer.

Ce n'eſt qu'une affaire d'habitude. A force de voir l'obſtacle, l'effroi & la défiance diminuent. Puis il y a toujours quelque passant complaisant qui nous fait honte de notre colère & qui veut bien nous expliquer notre peur. Je désire simplement jouer le rôle modeſte de ce passant auprès des personnes ombrageuses que les tableaux d'Édouard Manet tiennent cabrées & effrayées sur la route. L'artiſte commence à se lasser de son métier d'épouvantail; malgré tout son courage, il sent les forces lui échapper devant l'irritation publique. Il eſt temps que la foule s'approche & se rende compte de ses terreurs ridicules.

D'ailleurs, il n'a qu'à attendre. La foule, je l'ai dit, eſt un grand enfant qui n'a pas la plus petite conviction & qui finit toujours par accepter les gens qui s'imposent. L'hiſtoire éternelle des talents bafoués, puis admirés jusqu'au fanatisme, se reproduira pour Édouard Manet. Il aura eu la deſtinée des maîtres, de Delacroix & de Courbet, par exemple. Il en eſt à ce point où la tempête des rires s'apaise, où le public a mal aux côtes, & ne demande pas mieux que de redevenir sérieux. Demain, si ce n'eſt aujourd'hui, il sera compris & accepté, & si j'appuie sur l'attitude de la foule en face de chaque individualité qui se produit, c'eſt que l'étude de ce point eſt juſtement l'intérêt général de ces quelques pages.

On ne corrigera jamais le public de ses épouvantes. Dans huit jours, Édouard Manet sera peut-être oublié des rieurs qui auront trouvé un autre jouet. Qu'il se révèle un nouveau tempérament énergique, & vous entendrez les huées & les sifflets. Le dernier venu eſt toujours le monftre, la brebis galeuse du troupeau. L'hiftoire artiftique de ces derniers temps eft là pour prouver la vérité de ce fait, & la simple logique suffit pour faire prévoir qu'il se reproduira fatalement, tant que la foule ne voudra pas se mettre au seul point de vue qui permet de juger sainement une œuvre d'art.

Jamais le public ne sera jufte envers les véritables artiftes créateurs, s'il ne se contente pas de chercher uniquement dans une œuvre une libre traduction de la nature en un langage particulier & nouveau. N'eft-il pas profondément trifte aujourd'hui de songer qu'on a sifflé Delacroix, qu'on a désespéré ce génie qui a seulement triomphé dans la mort ? Que pensent ses anciens détracteurs, & pourquoi n'avouent-ils pas tout haut qu'ils se sont montrés aveugles & inintelligents ? Cela serait une leçon. Peut-être se déciderait-on à comprendre alors qu'il n'y a ni commune mesure, ni règles, ni nécessités d'aucune sorte, mais des hommes vivants, apportant une des libres expressions de la vie, donnant leur chair & leur sang, montant d'autant plus haut dans la gloire humaine qu'ils sont plus personnels & plus absolus. Et on irait droit, avec admiration & sympathie, aux toiles d'allures libres & étranges; ce seraient celles-là qu'on étudierait avec calme & attention, pour voir si une face du génie humain ne viendrait pas de s'y révéler. On passerait dédaigneusement devant les copies, devant les balbutiements des fausses personnalités, devant toutes ces images à un & deux sous, qui ne sont que des habiletés de la main. On voudrait trouver avant tout dans une œuvre d'art un accent humain, un coin vivant de la création, une manifeftation nouvelle de l'humanité mise en face des réalités de la nature.

Mais personne ne guide la foule, & que voulez-vous qu'elle fasse dans le grand vacarme des opinions contemporaines? L'art s'eſt, pour ainsi dire, fragmenté; le grand royaume, en se morcelant, a formé une foule de petites républiques. Chaque artiſte a tiré la foule à lui, la flattant, lui donnant les jouets qu'elle aime, dorés & ornés de faveurs roses. L'art eſt ainsi devenu chez nous une vaſte boutique de confiserie, où il y a des bonbons pour tous les goûts. Les peintres n'ont plus été que des décorateurs mesquins qui travaillent à l'ornementation de nos affreux appartements modernes; les meilleurs d'entre eux se sont faits antiquaires, ont volé un peu de sa manière à quelque grand maître mort, & il n'y a guère que les paysagiſtes, que les analyſtes de la nature qui soient demeurés de véritables créateurs. Ce peuple de décorateurs étroits & bourgeois fait un bruit de tous les diables; chacun d'eux a sa maigre théorie, chacun d'eux cherche à plaire & à vaincre. La foule adulée va de l'un à l'autre, s'amusant aujourd'hui aux mièvreries de celui-là, pour passer demain aux fausses énergies de celui-ci. Et ce petit commerce honteux, ces flatteries & ces admirations de pacotille se font au nom des prétendues lois sacrées de l'art. Pour une bonne femme en pain d'épices, on met la Grèce & l'Italie en jeu, on parle du beau comme d'un monsieur que l'on connaîtrait & dont on serait l'ami respectueux.

Puis, viennent les critiques d'art qui jettent encore du trouble dans ce tumulte. Les critiques d'art sont des mélodiſtes qui tous, à la même heure, jouent leurs airs à la fois, n'entendant chacun que leur inſtrument dans l'effroyable charivari qu'ils produisent. L'un veut de la couleur, l'autre du dessin, un troisième de la morale. Je pourrais nommer celui qui soigne sa phrase & qui se contente de tirer de chaque toile la description la plus pittoresque possible; & encore celui qui, à propos d'une femme étendue sur le dos, trouve le moyen de faire un discours démocratique; & encore celui qui tourne en couplets de vaudeville les plaisants jugements qu'il porte. La foule éperdue ne sait lequel écouter : Pierre dit blanc & Paul dit noir; si l'on croyait le premier, on effacerait le paysage de ce tableau, & si l'on croyait le second, on en effacerait les figures, de sorte qu'il ne resterait plus que le cadre, ce qui d'ailleurs serait une excellente mesure. Il n'y a ainsi aucune base à l'analyse; la vérité n'est pas une & complète; ce ne sont que des divagations plus ou moins raisonnables. Chacun se pose devant la même œuvre avec des dispositions d'esprit différentes, & chacun porte le jugement que lui souffle l'occasion ou la tournure de son esprit.

Alors la foule, voyant combien on s'entend peu dans le monde qui prétend avoir mission de la guider, se laisse aller à ses envies d'admirer ou de rire. Elle n'a ni méthode ni vue d'ensemble. Une œuvre lui plaît ou lui déplaît, voilà tout. Et observez que ce qui lui plaît est toujours ce qu'il y a de plus banal, ce qu'elle a coutume de voir chaque année. Nos artistes ne la gâtent pas; ils l'ont habituée à de telles fadeurs, à des mensonges si jolis, qu'elle refuse de toute sa puissance les vérités fortes & âpres. C'est là une simple affaire d'éducation. Quand un Delacroix paraît, on le siffle. Aussi pourquoi ne ressemble-t-il pas aux autres. L'esprit français, cet esprit que je changerais volontiers aujourd'hui pour un peu de pesanteur, l'esprit français s'en mêle, & ce sont des gorges chaudes à réjouir les plus triftes.

Et voilà comme quoi une troupe de gamins a rencontré un jour Édouard Manet dans la rue, & a fait autour de lui l'émeute qui m'a arrêté, moi passant curieux & désintéressé. J'ai dressé mon procès-verbal tant bien que mal, donnant tort aux gamins, tâchant d'arracher l'artifte de leurs mains & de le conduire en lieu sûr. Il y avait là des sergents de ville, — pardon, des critiques d'art, qui m'ont affirmé qu'on lapidait cet homme parce qu'il avait outrageusement violé le temple du Beau. Je leur ai répondu que le deftin avait sans doute déjà marqué au musée du Louvre la place future de *l'Olympia* & du *Déjeuner sur l'herbe*. Nous ne nous sommes pas entendus, & je me suis retiré, car les gamins commençaient à me regarder d'un air farouche.

BIBLIOTHÈQUE IMPÉRIALE

FIN

PARIS — IMPRIMERIE L. POUPART-DAVYL, RUE DU BAC, 30.

BIBLIOTHEQUE NATIONALE DE FRANCE
3 7502 00987875 4

www.ingramcontent.com/pod-product-compliance
Ingram Content Group UK Ltd.
Pitfield, Milton Keynes, MK11 3LW, UK
UKHW031958260826
14628UKWH00005B/2146

9 782012 944275